# Versos de Paz para los
# *Abuelitos*

Coordinadora: Brígida López Salcido
Editor General: Isiah Pulido
Escrito por #JELUtah
Jóvenes Escritores Latinos-Utah

Miriam Burbano
Presidente y Fundadora de #JEL

 @JEL2014/Jóvenes Escritores Latinos  escritoresjel

Versos de Paz para los *Abuelitos*

Todos los derechos reservados 2022
**Roman Catholic Diocese of Salt Lake City**
Ninguna parte de este libro se puede reproducir
o transmitir en ninguna forma o por ningún medio
sin la autorización por escrito de
Father Sebastién SASA
Jóvenes Escritores Latinos - Utah

Miriam Burbano, Presidenta y Fundadora de #JEL
info@mbc-education.com

Brígida López Salcido
Coordinadora de #JEL
Jóvenes Escritores Latinos - Utah
Isiah Pulido
Editor General

ISBN: 978-1-953207-78-4
Editorial #JEL Jóvenes Escritores Latinos
info@editorialjel.org
1-626-975-9057
Impreso en USA

*Versos de paz para los abuelitos*

## *Prefacio*

### Hearts Singing The Love For Their Grandparents And For Peace

I am delighted and honored to preface this book "Versos de Paz para los Abuelitos". It is the fruit of the work of the young people of our parish, Saints Peter and Paul in West Valley City, Utah. In these pages, they make their hearts vibrate to sing love for their Grandparents who are alive or already in heaven because of Covid-19 and for Peace.

It is the fulfillment of a dream, namely that of strengthening the intellectual, poetic, literary and cultural capacities of the young people of our parish community and seeing them become protagonists in the world of culture. Also, within the framework of the Pastoral Care of Culture, we want to train, help, accompany young people to love culture, to be present in the world of culture: books, music, theater, art, and finally they become missionaries of the third millennium as Pope Saint John Paul II says.

**This book is the fruit of marvelous encounters.** The first is between **me and the parish community of Saints Peter and Paul.** Since August 2020, Bishop Oscar Solis has appointed me to lead this parish which has as Patrons, two great missionaries of the Church, Peter and Paul. I decided to give my time, my energy, my strength, and my knowledge to the promotion of the New Evangelization in this multicultural community.

The second is with writer **Brigida Lopez and me**. When I announced the activation of the Ministry of Culture, Brigida immediately came to my office and gave me her full availability to help in this ministry. It is one of the pillars of this pastoral care of culture. She demonstrated her talents well during the First West Valley Peace, Justice and Life Week organized by our parish, with the collaboration of Gloria who is a member of the pastoral team. The third was between **me and Miriam Burbano**, a woman of culture and hope. The project for this book was born during a WhatsApp conversation between Miriam, Brigida and me, talking about culture. Culture is important in a society. As they say, a person without culture, is a lost person.

Through literature, social battles, she is in the process of awakening the conscience of Young Latino Writers **(#JEL)** by offering them the necessary instruments to enter fully into the world of American Culture, into the world of culture in general, and in this great concert that we call "Globalization". The fourth is between you dear readers and the authors of this anthology. When you read these pages, you will know these young writers and their deep thoughts. Personally, I read them and sometimes I would be in tears of joy. They are really "budding geniuses" as indicated by the name of a great television program with great educational value from Quebec that talks about general culture. In the USA, this show is known as "It's Academic."

Although from Latin American families, these young people were almost all born here in the USA and become part of the great family of North American literature in which are among the excellent names like Washington Irving (1783-1859), Ralph Waldo Emerson (1803-1882), Henry Longfellow (1807-1882), Henry David Thoreau (1817-1862), Herman Melville (1819-1891), Walt Whitman (1819-1892), Emily Dickinson (1830-1886).

Dear readers, the title of this anthology is quite a program. In its first part, it is about love for grandparents. The second, on the other hand, addresses the question of peace. The two parts form a logical and coherent unit.

Today more than ever, we speak of the elderly as people who are no longer useful to society and that their place is only in the garage. The youth of Saints Peter and Paul, however, affirm and sing about the value and importance of having grandparents. They are important and necessary for our society in crisis. Pope Francis, during the Angelus of January 17, 2021, announced the institution of the World Day of Grandparents and the Elderly which will be celebrated on the 4th Sunday of July. This year it will be on Sunday July 24th. That's why these young people don't want to lock their grandparents in the garage. They are and will always remain with them.

*Jóvenes Escritores Latinos - Utah - Brígida López*

Those who have died from Covid-19 have left something special in their hearts. Marisol Silva Arévalo expresses well what I have just written above: "*El mundo, sin los abuelos, sería muy diferente y sin alegría. Porque sin amor y sin abuelos, este mundo no existiría*". Aria Victoria Ortega Ramírez, speaking of grandparents, she remembers their advice on family: "*Los dos me enseñaron que la familia es para siempre*". Santiago Agustin Ortega Ramirez's grandmother is his inspiration to love school: "*She inspires me to focus on school*". Many other authors in this anthology highlight more positive values of love for grandparents.

The young writers of Saints Peter and Paul dream of a world of peace. Thus, they took their pens to write these verses singing love for peace. Through these writings, they want to build a world of peace, joy, harmony, tranquility in West Valley City, Utah, the USA and around the world. Without ecology, they argue, there is no peace. Inner peace is important to them.

We as parents, parishioners, public administrators, cultural associations, foundations, have the responsibility to help our young people in their construction of a world where peace reigns: "*Tú que ya eres mayor, ayúdame a triunfar, a llegar a ser grande , sin tener que llorar, por muertes sin motivo, por guerras sin final*" (Naty Arroyo) - "*…Así poder tener paz en el mundo, para tener un mundo better…*" (Kenia Guadalupe Victoria Silverio) - "*Another way to bring peace in the kid's lives is to be pollution free*" (Guadalupe Zavala). There are many other texts from our young writers about the love

*Versos de paz para los abuelitos*

of our grandparents and for peace that you can read and enjoy. I invite you to buy this book to support and encourage the authors of this anthology to move forward. Together we can build a world of peace, joy, fraternity, and justice. Without justice, there is no peace, said Saint John Paul II. How interesting and desirable it would be to see the JEL in our parish write about this topic of justice!

It only remains for me to say to the **#JEL of Saints Peter and Paul**: "Duc in altum", this is only the beginning. Go ahead without being afraid of anything and anyone. I say that together we can do many other things. Take advantage of this opportunity that **Miriam Burbano** offers us through **#JEL** Editions to publish other books in the future.

**Father Sebastién SASA**

Administrator of Saints Peter and Paul Catholic Church
West Valley City, UT

## Des cœurs qui chantent l'Amour pour leurs Grands-Parents et pour la Paix

Je suis ravi et honorer de préfacer ce livre « *Versos de Paz para los Abuelitos* ». Il est le fruit du travail des jeunes de notre paroisse de Saints Pierre et Paul de West Valley City, Utah. Dans ces pages qui sont dans vos mains, ils font vibrer leurs cœurs pour chanter l'amour pour leurs Grands-parents vivants ou déjà au ciel à cause de Covid-19 et pour la Paix.

Il est l'accomplissement d'un rêve, à savoir celui de renforcer les capacités intellectuelles, poétiques, littéraires et culturelles des jeunes de notre communauté paroissiale et de les voir devenir protagonistes du monde de la culture. Aussi, dans le cadre de la Pastorale de la Culture, voulons-nous former, aider, accompagner les jeunes à aimer la culture, à être présents dans le monde de la culture: livre, musique, théâtre, art, et enfin qu'ils deviennent des missionnaires du troisième millénaire comme le dit le Pape Saint Jean-Paul II.

Ce livre est le fruit des rencontres merveilleuses. La première est entre moi et la communauté paroissiale de Saints Pierre et Paul. Depuis le mois d'août 2020, l'Évêque Oscar Solis m'a nominé à la tête de cette paroisse qui a comme Patrons, deux grands missionnaires de l'Eglise, Pierre et Paul. J'ai décidé de donner mon temps, mon énergie, ma force et mon savoir-faire à la promotion de la Nouvelle évangélisation dans cette communauté multiculturelle. La seconde est avec l'écrivaine Brigida Lopez et moi. Quand j'annonça l'activation de la Pastorale de la Culture, immédiatement Brigida vint à mon bureau et me donna toute son entière disponibilité pour aider au sein de ce ministère.

Elle est un des piliers de cette pastorale de la culture. Elle a bien démontré ses talents durant la Première Semaine de Paix, Justice et Vie de West Valley organisée par notre paroisse, avec la collaboration de Gloria qui est membre de l'équipe de cette pastorale. La troisième a été entre moi et Miriam Burbano, une femme de culture et d'espérance.

Le projet de ce livre est né lors d'une conversation WhatsApp entre Miriam, Brigida et moi, parlant de la culture. La culture est importante dans une société. Comme on le dit, « un peuple sans culture est un peuple mort ». A travers la littérature, les luttes sociales, elle est en train de réveiller les consciences des Jeunes Ecrivains Latinos (JEL) en leur offrant des instruments nécessaires pour entrer de plein pied dans le monde de la Culture américaine, dans le monde la culture en général et dans ce grand concert que nous appelons la « Mondialisation ».

La quatrième est entre vous chers lecteurs et les auteurs de cette anthologie. Quand vous lisez ces pages, vous avez l'opportunité de connaître ces jeunes écrivains et leurs pensées si profondes. Personnellement, je les ai lues et parfois j'étais en larmes de joie. Ils sont vraiment des vrais « génies en herbe » comme l'indique le nom d'une grande émission de télévision à grande valeur pédagogique d'origine québécoise qui parlent de la culture générale. Aux Usa, cette émission est connue sous le nom de « It's Academic ».

Bien que issus des familles latino-américaines, ces jeunes sont presque tous nés ici aux Usa et entrent à faire partie de la grande famille de la littérature Nord-américaine dans laquelle font partie des excellents noms comme Washington Irving (1783-1859), Ralph Waldo Emerson (1803-1882), Henry Longfellow (1807-1882), Henry David Thoreau (1817-1862), Herman Melville (1819-1891), Walt Whitman (1819-1892), Emily Dickinson (1830-1886).

Chers lecteurs et lectrices, le titre de cette anthologie est tout un programme. Dans sa première partie, il question de l'amour pour les grands-parents. La seconde quant à elle, aborde la question de la paix. Les deux parties forment une unité logique et cohérente.

Aujourd'hui plus que jamais, on parle des personnes âgées comme des gens qui ne sont plus utiles à la société et que leur place n'est qu'au garage. Les jeunes de Saints Pierre et Paul, cependant, affirment et chantent la valeur et l'importance d'avoir des grands-parents. Ils sont importants et nécessaires pour notre société en crise. Le Pape François, lors de l'Angelus du 17 janvier 2021, avait annoncé l'institution de la Journée Mondiale des grands-parents et des personnes âgées qui sera célébrée le

*Versos de paz para los abuelitos*

4$^{\text{ème}}$ dimanche de juillet. Cette année, ce sera le dimanche 24 juillet. Voilà pourquoi ces jeunes ne veulent pas enfermer leurs grands-parents dans le garage. Ils sont et vont restes toujours avec eux. Ceux et celles qui sont morts à cause de Covid-19 ont laissé dans leurs cœurs quelque chose de spéciale. Marisol Silva Arévalo exprime bien ce que je viens d'écrire plus haut: *"El mundo, sin los abuelos, sería muy diferente y sin alegría. Porque sin amor y sin abuelos, este mundo no existiría"*.

Aria Victoria Ortega Ramírez, en parlant des grands-parents, elle se rappelle de leurs sages conseils sur la famille: *"Los dos me enseñaron que la familia es para siempre"*. La grand-mère de Santiago Agustin Ortega Ramirez est sa source d'inspiration pour aimer l'école : "She inspires me to focus in school". Beaucoup d'autres auteurs de cette anthologie mettent en exergue d'autres valeurs positives de l'amour pour les grands-parents.

Les jeunes « écrivains et écrivaines en herbe » de saints Pierre et Paul rêvent d'un monde de paix. Ainsi, ont-ils pris leurs stylos pour écrire ces vers chantant l'amour pour la paix. Par ces écrits, ils veulent construire un monde de paix, de joie, d'harmonie, de tranquillité à West Valley City, à Utah, aux Usa et dans le monde entier. Sans l'écologie, affirment-ils, il n'y a pas de paix. La paix intérieure est importante pour eux. Nous parents, paroisses, administration publique, association culturelle, fondations, nous avons la responsabilité d'aider nos jeunes dans cette construction d'un monde où règne la paix : "*Tú que ya eres mayor, ayúdame a triunfar, a llegar a ser grande, sin tener que llorar, por muertes sin motivo, por guerras sin final*" (Naty Arroyo) - "*…Así poder tener paz en el mundo, para tener un mundo mejor…*" (Kenia Guadalupe Victoria Silverio) - "*Another way to bring peace in the kid's lives is to be pollution free*" (Guadalupe Zavala). Il y a beaucoup d'autres textes de nos jeunes écrivains sur l'amour de nos grands-parents et pour la paix que vous pouvez lire et déguster. Je vous invite à acheter ce livre pour soutenir et encourager les auteurs de cette anthologie à aller de l'avant. Ensemble, nous pouvons construire un monde de paix, de joie, de fraternité et de justice. Sans la justice, il n'y a pas de paix, disait Saint Jean-Paul II. Comme il serait intéressant et souhaitable voir les JEL de notre paroisse écrire quelque chose sur ce thème de la justice !

Il ne me reste plus qu'à dire aux JEL de Saints Pierre et Paul : « *Duc in altum* », ce n'est qu'un début. Allez de l'avant sans avoir peur de rien et de personne. Je sais qu'ensemble, nous pouvons faire beaucoup d'autres choses. Profitez de cette opportunité que Miriam Burbano nous offre à travers les Editions JEL de publier d'autres livres dans le futur.

**Père Sebastién SASA, PhD**

Administrateur de la paroisse de Saints Pierre et Paul

West Valley City, UT

*Versos de paz para los abuelitos*

## Dedicatoria

Esta antología está dedicada a todos los abuelitos (as) del mundo entero, especialmente aquellos que perdieron la vida durante la pandemia Covid-19 durante los años 2020-2022.

Por los abuelitos que están en el cielo y los que han quedado con vida luchando, siendo ejemplo de valentía, fortaleza, amor, ternura y cariño para sus hijos (as) y nietos (as).

Por todos esos abuelitos y abuelitas que sonrieron al lado de sus nietos (as) y que se despidieron de este mundo con un corazón lleno de paz. Gracias por dejar bellas memorias grabadas en los corazones de toda su familia. Sus familias los amarán por siempre.

A todos los abuelitos que nunca conocieron a sus nietos (as) por las fronteras o cuestiones ajenas a su voluntad, a ellos que nunca tocaron el rostro de sus nietecitos (as) y jamás los vieron jugar. Si, a ellos que con el alma y el corazón los amaron como si los hubiesen arrullado desde su primer despertar en este mundo sin final.

A todos esos abuelitos que sin pensarlo hicieron el doble rol de abuela, mamá o papá que por lealtad a la familia abandonaron su tierra natal para viajar a tierras lejanas y apoyar con todo su amor a sus nietecitos (as) con toda honestidad y fidelidad, pero sobre todo su amor incondicional, transparente y especial.

A los niños y jóvenes de la parroquia de San Pedro y San Pablo que han participado en esta antología "El amor por los abuelitos y jóvenes por la paz". Inicialmente, iban a hacer dos antologías separadas y al final se hizo una doble y quedó mucho mejor. "Versos de paz para los abuelitos". Los felicito por su decisión de decir sí a la invitación y a la oportunidad de mostrar su talento. Gracias por tan lindos poemas para los abuelitos y juventud por la paz.

Que reine la paz en las familias, en los hogares, en las intuiciones como escuelas, iglesias, asilos, orfanatos, hospitales, en todos los continentes del mundo entero, pero más en cada corazón de los abuelitos (as) que transmiten mucha ternura y paz.

Brígida López Salcido

## Agradecimiento

A nuestro querido párroco de la parroquia de San Pedro y San Pablo. Padre Sebastién Sasa por su genial idea de crear un ministerio cultural dentro de la parroquia. Exaltar la cultura en todas sus facetas y unir talentos musicales, literarios, arte y poesía. Pero sobre todo unir a todos sus feligreses a través de la cultura.

El Padre Sebastién Sasa, tiene su licenciatura en filosofía y teología, su maestría en administración pública y su doctorado en misionología. Es un sacerdote que entrega su alma y su ser en el altar al celebrar la santa misa y ayuda incansablemente a cada miembro de su parroquia sin distinción. Trabaja largas horas esforzándose mucho por unir todos los ministerios multiculturales en la parroquia sin dejar uno a un lado.

A la fundadora y presidente de #JEL (Jóvenes Escritores Latinos) también escritora, bestseller, poeta, maestra y activista social, por su incansable trabajo de impactar y tocar vidas de niños y jóvenes en todas partes del mundo, no solo México, Centro América, Sur América, sino donde se le dé la oportunidad para crear antologías infantiles y juveniles para empoderar y descubrir talentos literarios a temprana edad. Y su equipo de apoyo de #JEL, que sin conocer y saber quiénes son, tienen mi admiración y respeto por su maravillosa labor.

A Isiah Pulido que colaboró generosamente con muchas horas de trabajo y su buena voluntad de apoyar a su mamá Brígida López Salcido y los niños que participaron en esta antología. Él realizó la parte técnica elaborando los archivos de cada niño para formatear el inicio de la antología y enviársela a la editora y equipo de apoyo JEL.

Él fue el mediador técnico entre la coordinadora Brígida López Salcido y la editorial de Miriam Burbano. Isiah Pulido es también un líder en la comunidad, sirviendo familias como relator en Century 21 Cornerstone DRE # 02114528 y como certificado (PTA), asistente de terapista físico, con licencia en el condado de Los Ángeles, California.

A todos los padres de familia que se han esforzado por apoyar a sus hijos e hijas en participar en esta antología que, para muchos, será el inicio de un largo caminar en el mundo de las letras que no tienen fin y recordarán en años posteriores esta etapa inicial como escritores en su bella niñez.

A los niños, niñas y jóvenes que participaron, que por ellos se han combinado bellos mensajes de amor y paz, "El amor por los abuelitos y jóvenes por la paz", plasmando así, su sentir, pensar y creación única y que transcenderá en la historia de la parroquia San Pedro y San Pablo y en la librería digital más grande del mundo, Amazon.com.

**Entre los coautores/as tenemos**: Jheslee Ortega Mora, Marisol Silva Arévalo, Yaritza Arroyo, Betzaida Morales, Karina Toledo, Mariana Suárez, Paula Zavala, Xavi Alonso Pimentel, Misael Emir Cruz, Santiago Itzae Cruz, Aria Victoria Ortega Ramírez, Sebastián Álvarez Rivadeneira, Santiago Agustin Ortega Ramirez, Brithany Castañeda, Michelle Pérez Domínguez, Mar Luna Paz, Stephanie Quiroz Galván, Eloy Salazar, Naty Arroyo, Kenia Guadalupe Victoria Silverio, Kevin Hernán Victoria Silverio y Guadalupe Zavala.

*Versos de paz para los abuelitos*

"Mi abuelita siempre ha estado ahí durante los momentos más difíciles y a pesar de que está lejos siempre piensa en mí y por eso su amor es especial y es la mejor abuelita del mundo".

*Jheslee Ortega Mora*

## Jheslee Ortega Mora

Jheslee Ortega nació en diciembre 30 del año 2010, vive con sus padres en la ciudad de Salt Lake City, UT.

Estudia el 5 grado en Wallace Stegner Academy. La materia que más le gusta es matemáticas. Es una niña muy alegre, honesta e inteligente, le gusta hacer arte y colorear, actualmente está aprendiendo a tocar el violín, también le gusta escuchar música. Cuando crezca ella quiere ser una científica.

## EL AMOR POR LOS ABUELOS
Por: Jheslee Ortega Mora

Mi abuelita Epifanía tiene 84 años y vive en México.
Es una persona que a pesar
que vive lejos, siempre piensa en mí.

El amor de mi abuelita es especial,
Porque cada vez que viene a visitarme me cocina mi comida favorita,
A pesar de que ella tiene 84 años, juega conmigo,
Aunque está envejeciendo y está lejos siempre quiere
que estemos bien yo y mis papás.

Mi abuelita siempre ha estado ahí durante los momentos
más difíciles y a pesar de que está lejos
siempre piensa en mí y por eso su amor es especial y es la
mejor abuelita del mundo.

*Jóvenes Escritores Latinos - Utah - Brígida López*

"Dios me dio a mis abuelos
sin que tuviera yo, opción.
Pero si Él me lo preguntara,
haría la misma elección."

Marisol Silva Arévalo

## Marisol Silva Arévalo

Marisol nació en julio del 2012, tiene 9 años, vive con sus papás y tiene tres hermanas. Estudio en la escuela D.T. Orchard Elementary de West Valley City, Utah, en cuarto grado. Sus materias favoritas son arte y danza. Las cosas que más le gustan son hacer ejercicio, cantar y también, además le gusta mucho leer y escribir, es por eso que se animó a escribir este poema. Todavía no sabe exactamente lo que quiere hacer cuando sea grande, pero le gustaría hacer algo con lo que pueda ayudar a muchas personas.

# EL AMOR POR MIS ABUELITOS
Por: Marisol Silva Arévalo

El amor por mis abuelitos,
es muy grande y especial,
aunque ahora estén tan lejos,
allá en su tierra natal.

El amor por los abuelos,
es muy grande y especial.
Son amables y buenos,
y nos ayudan a no pelear.

Cuando voy a visitarlos,
no me quiero regresar,
porque sé que al poco tiempo,
los comenzaré a extrañar.

La distancia, es lo de menos,
cuando estoy pensando en ellos,
pues de ellos, lo que tengo,
son solo recuerdos bellos.

Cuando yo estoy con ellos,
siempre me brindan su amor.
Y para mí, ser su nieta,
de verdad, que es un honor.

Los abuelos son los números uno,

*Versos de paz para los abuelitos*

en cualquier lugar del mundo,
porque, cuando tengo su compañía,
las horas son como un segundo.

Por el amor a mis abuelos,
de todo soy capaz.
Pero también los amo mucho,
por ser papás de mis papás.

Cuando estamos tristes,
nos ayudan a sonreír;
y cuando dan sus consejos,
imposible poderme aburrir.

El mundo, sin los abuelos,
sería muy diferente y sin alegría.
Porque sin amor y sin abuelos,
este mundo no existiría.

Espero poder demostrarles,
todo el cariño que tengo.
Y también quisiera darles,
el amor que yo contengo.

Cuando cuentan sus historias,
vuela mi imaginación,
y de noche solo espero,
dormir con su bendición.

Dios me dio a mis abuelos,
sin que tuviera yo, opción.
Pero si Él me lo preguntara,
haría la misma elección.

"Mis abuelos tienen esperanzas, la esperanza que hagamos las cosas bien para que cumplamos nuestra meta que sus sacrificios no sean en vano y hagamos un mundo mejor."

Yaritza Arroyo

# Yaritza Arroyo

Hola, mi nombre es Yari. Nací en enero del 2005. Yo crecí en el estado de Utah junto a mis padres y a mis dos hermanas.

Me encanta bailar desde contemporánea hasta cumbias. Algunas de mis pasiones son el arte, la pintura, la música y ayudar a mi comunidad. Me encanta aprender sobre historia y ciencia. Específicamente, aprender sobre cómo puedo mejorar y ayudar a la comunidad. También me encanta hacer mucho servicio comunitario. Estudio en high school y me gustaría hacer una carrera en el campo de la medicina. Para seguir aportando a mi comunidad.

## LOS VALORES QUE ME DIERON MIS ABUELOS
Por: Yaritza Arroyo

Mis abuelos son sabiduría,
ellos traen sabiduría de mis ancestros
por cuentos, o simplemente consejos,
ellos siempre traen sus conocimientos.

Mis abuelos son historia,
han demostrado lo lejos que llegamos
y recordando también nuestras raíces son la prueba de
que con esfuerzo puedo cumplir mis sueños.

Mis abuelos tienen esperanzas,
la esperanza que hagamos las cosas bien
para que cumplamos nuestra meta
que sus sacrificios no sean en vano
y hagamos un mundo mejor.

Pero sobre todo, mis abuelos tienen amor,
su amor es lo que me da fuerzas,
su amor me da valentía,
valentía para superar mis miedos.

Mis abuelos me heredaron muchos valores,
el valor de siempre respetar a otros,
el valor de siempre ser humilde,
el valor de la honestidad,

*Jóvenes Escritores Latinos - Utah - Brígida López*

y más que nada la sabiduría y el conocimiento,
de la importancia de la educación.

De ellos tengo la sangre,
pero también el corazón,
y por eso amo tanto a mis abuelos,
pero yo sé que ellos me aman más
y yo nunca los voy a olvidar.

*Versos de paz para los abuelitos*

"Grandma and grandpa, I didn't get a chance to know you, but I still love you like you were here for me."

*Betzaida Morales*

## Betzaida Morales

Soy Betzaida Morales, tengo 9 años y estoy en tercer grado, vivo con mi papá y mi hermana menor. Me gusta bailar, cantar y me encantan las matemáticas. Una de las cosas que más disfruto hacer es servir en la iglesia y ayudar a los necesitados. Me considero una niña inteligente, cariñosa y bondadosa. Uno de los momentos que me hacen sentir muy feliz es cuando siento a Dios en mi corazón.

## "FOR YOU"
### Por: Betzaida Morales

Grandma and grandpa, I didn't get a chance to know you, but I still love you like you were here for me.

Each time I see the stars I remember you like I remember my mom and I still pray for my mom, grandma and grandpa. That's why I will never forget any of you and inside my heart.

I'm sad because I didn't get a chance to play with you but I got a chance to feel you close to my heart and I will always love you even though I didn't get a chance to see you and run and hold hands together.

I love you in the distance and I know that you take care of me from heaven, I miss you a lot.

*Jóvenes Escritores Latinos - Utah - Brígida López*

"The grandparents love
is like a dove,
And they also show peace."

*Karina Toledo*

## Karina Toledo

Hello, my name is Karina Toledo. I'm 13 years old and currently a student at Matheson Junior High school. I enjoy making jewelry and doing art crafts. I'm a server in our local parish as an altar server. I assist the priest during mass and after mass. I love helping the elder and children. When I grow up my goal is to become a veterinarian to help care for sick and homeless pets. Some if my qualities are kind, loving and helping the most in need. My family says some of the vertudes they see in me is I have sympathy and have courage. One of my favorite fruits is watermelon and meal would menudo soup. During my spare time I make rosaries and bracelets.

## UNCONDITIONAL LOVE
### Por: Karina Toledo

Grandparents are full of love.
Love is unconditional,
there is always a beginning but no end.

The grandparents love is like a dove
And they also show peace.
Grandparents are like geese,
they are loyal to their family.

I love my grandparents
because they are always there for me
and have taught me how to treat others
with respect and kindness.

"Sus brazos siempre están abiertos y listos sin importar si te portas mal, te motivan te corrigen con gran respeto y ternura"

*Mariana Suarez*

## Mariana Suárez

Mariana Suárez nació en la ciudad de Salt Lake City el 14 de octubre de 2011, vive con su familia. Le gusta pintar y en ocasiones escribir. Es muy sociable y optimista en la escuela con sus compañeros y maestros. La materia que más le agrada es artes y ciencia.

Cuando ella sea grande le gustaría ser pintora y exponer todas sus obras en museos y exposiciones.

## EL AMOR INCOMPARABLE DE LOS ABUELOS
Por: Mariana Suarez

Los abuelos son personas especiales con amor,
y sabiduría que me llena de orgullo y valentía,
siempre están ofreciendo su lindo calor,
llevándonos siempre cada día con alegría.

Ellos tienen esa energía que nos anima,
nos guían cuando necesitamos aliento,
pues en el andar de la vida todo es alegría,
siempre están listos con nuestro sustento.

Sus brazos siempre están abiertos y listos,
sin importar si te portas mal te motivan,
te corrigen con gran respeto y ternura,
que cuando los miras a la cara te sonríen
y se te olvidan todas sus travesuras.

Abuelos, son una fuente de conocimiento y sabiduría,
que sin la ayuda de ustedes, el mundo se perdería,
por eso pido a Dios y al mundo larga vida

respeto y honor para la humanización,
por los abuelos y la generación.

Amo tanto a mis abuelos que aunque,
no los pueda mirar y se encuentren lejos,

*Jóvenes Escritores Latinos - Utah - Brígida López*

sé que me protegen con sus oraciones,
gracias a ellos por tantas bendiciones.

*"The most special thing that she does for me is when she takes me to the cemetery to visit my mom. That makes me feel closer to her when she talks to my mom even though she is not physically here."*

*Paula Zavala*

## Paula Zavala

I am Paula Zavala. I born in the State of Utah on August 26th, 2012. I live with my dad, two sisters and three brothers. My best qualities are: kindness and gratefulness.

I will be attending 5th grade at Douglas T Orchard elementary school. My favorite subjects at school are PE, Mathematics and Art. My favorite food is spaghetti and pizza. My hobbies are doing art and crafts and walk in the park. I like to listen to music. When I grow up I would like to be an artist to paint a lot of nature's paints and sale them.

# MY GRANDMA
## Por: Paula Zavala

My Grandma Rosanda is 66-years-old and she cares for me and my brothers and sisters. She comes after her work to cook for us and feed us. Plus cleaning the house. Sometimes me, my brothers and sisters give her a hard time but she is still the best grandma for all of us.

My grandma Rosenda cooks the best rice and beans for us. When she arrives from work and I see her it makes me feel happy, not sad.

The most special thing that she does for me is when she takes me to the cemetery to visit my mom. That makes me feel closer to her when she talks to my mom even though she is not physically here.

My grandma helps me all the time to feel better. My grandma is helping me to learn how to clean up and put my clothes away because when she comes the house is a real mess. My grandma works very hard. I feel grateful that grandma is close to me and she is by my side.

> *"I love my grandparents because they stand up for me."*
>
> — *Xavi Alonso Pimentel*

## Xavi Alonso Pimentel

Xavi Alonso Pimentel was born on May 20, 2015. He lives with his parents, sister, and brother, in Taylorsville, UT. He attends Arcadia Elementary School; he will be going into 2 nd grade. He loves to read, art, and play sports. He is very smart, friendly, and caring. Some of his hobbies include listening to music, dancing, and building legos. When he grows up, he wants to become a lawyer to help people in need.

# I LOVE MY GRANDPARENTS...
## Por: Xavi Alonso Pimentel

I love my grandparents because they stand up for me.
I love my grandparents because they take care of me.
I love my grandparents because they look after me.

I love my grandparents because they make me feel safe.
I love my grandparents because they are kind to me.
I love my grandparents because they make me feel loved.

Most of all, I love my grandparents
because they belong to me.

*Versos de paz para los abuelitos*

"Y yo llegaré a darles todos los besos y abrazos que papi y yo hemos guardado todo este tiempo."

Misael Emir Cruz

## Misael Emir Cruz

Misael Emir Cruz, nació en febrero de 2014 en la ciudad de Salt Lake City, Utah. Actualmente, vive en una casa móvil en West Valley City junto con sus padres y hermanos, es el tercer hijo de inmigrantes mexicanos y es en esta ciudad donde asiste a la escuela primaria, desde muy pequeño se ha sentido atraído por la música, es por eso que disfruta de sus clases de arte y jugar con sus amigos es un chico muy sociable no teme preguntar por las cosas que desconoce, es activo, honesto, caballeroso, amoroso con sus hermanos, responsable y comunicativo.

Siente atracción por el football y el basquetbol, sus jugadores favoritos son, Cristiano Ronaldo y Lebrón James, cuando sea grande quiere ser artista para conocer mucha gente y recorrer las ciudades
junto a sus padres y hermanos.

## AMOR POR LOS ABUELITOS
Por: Misael Cruz

Mis abuelitos son los mejores del mundo, cuando necesito algo ellos están dispuestos a ayudarme. Mi abuela Ofelita nos consiente siempre que vamos a visitarla, es cariñosa y nos cocina nuestra comida favorita en nuestros cumpleaños, nunca los olvida.

Ella se encarga que a sus nietos se les celebre sus cumpleaños y fechas importantes con gran alegría porque su mayor gusto es dejar pedacitos de su corazón en la comida que sus pequeñas manos preparan.

Mi abuelo Aarón, aunque parece enojón, es otro niño más en la familia, el chavo, como le gusta que le digamos, es muy chistoso y
saca tiempo de su ocupado día para cerciorarse que todos sus nietos estén bien.

Es el consentido de la panadería porque siempre compra mucho pan los domingos para que sus nietos se sienten a desayunar con él.

Si alguno se enferma, es el primero que va a visitarlo, a donde sea, a la casa o al hospital. Le cuesta demostrar su cariño, pero todos sabemos que nos ama.

*Jóvenes Escritores Latinos - Utah - Brígida López*

Tengo otros dos abuelitos en México, aunque no tengo la dicha de poder estar con ellos en persona, siento que su amor traspasa por el teléfono
cuando nos vemos por videollamada.

Mi Toñita llora de amor y por la alegría de vernos. Mi abuelito siempre nos saluda con mucha felicidad con un, "Que paso mijo". Él es muy sentimental,
algo que le heredó a mi papi.

Me encanta ver los videos que nos manda de su casita en México. Con sus árboles frutales y plantas que muestra con mucho orgullo para que las conozcamos.

Él es chofer y disfruta mucho de sus viajes. Lo sé porque siempre nos cuenta de ellos y cómo se van junto con toda la familia a conocer nuevos lugares cerca de la naturaleza. Cuando van viajando comen en el camino, ya sea en la fresca sierra o cerca de la calurosa playa,

la naturaleza también se llena del rico aroma de la comida de la abuela calentada en las brasas, mis primos son muy dichosos de poder disfrutar su compañía.

Yo sé que un día no muy lejano podré ir a crear memorias junto a mis queridos abuelitos, no temo tener que viajar solo para realizar mi gran deseo, estoy seguro que cuando ellos me vean y me abracen, sentirán que están abrazando a su hijo que tanto extrañan y yo llegaré

***Versos de paz para los abuelitos***

a darles todos los besos y abrazos que papi y yo hemos guardado todo este tiempo.

Por último, puedo decir que mis dos abuelitas son bajitas de estatura, pero con mucho amor que llega hasta el cielo. Soy un niño feliz de tener a mis abuelos, ellos para mí son el reflejo del amor que Dios nos tiene y yo los amo mucho.

*"El amor de mis abuelos es grande y fuerte como esas montañas, yo me siento como un pequeño árbol de montaña cuando me abrazan"*

*Santiago Itzae Cruz*

## Santiago Itzae Cruz

Nació en agosto del 2016 en un hermoso hospital de la ciudad de Mill Creek Utah, es el más pequeño de 4 hijos, por lo tanto, es el más consentido y cariñoso, es un niño muy inteligente, observador, él disfruta dibujar, pintar y pasar tiempo con su mami, admira a sus hermanos mayores, estudia en la escuela primaria Stansbury y aunque es muy tímido ha logrado hacer buenos amigos en su escuela, su deseo es ser policía de grande para ayudar a las personas.

## AMOR POR LOS ABUELITOS
### Por: Santiago Itzae Cruz

El amor por los abuelitos es grande como el cielo, porque el cielo en ocasiones es azul y le llegan las nubes, luego llueve y se vuelve azul otra vez.

El amor de mis abuelos me brinda el calor de un día soleado y azul, cuando están tristes es como si tuviera nubes, y si ellos lloran es como cuando llueve, hay cosas que entristecen a los abuelos y es no tenernos cerca, a mí me gusta sentir su amor y el calor de sus abrazos.

El amor de los abuelos nos refresca, como el agua del mar, de los ríos o de los lagos, nos ilumina como el sol cuando estamos cerca y como la luna cuando estamos un poco lejos, pero así siguen brillando y nos da la confianza de que ellos están presentes.

Su casa es como un refugio para todos, a mí me gusta estar ahí donde puedo jugar, reír y disfrutar de la compañía de toda la familia. Celebrar los cumpleaños y las fiestas con deliciosa comida e interminables juegos.

El amor de mis abuelos me hace sentir protegido, si me enojo con mis hermanos, mi abuelita encuentra la manera de hacerme sentir feliz, si estoy triste me consienten y platican conmigo.

*Versos de paz para los abuelitos*

Se alegran cuando me va bien en la escuela, todo el tiempo me animan a tener buenas calificaciones y ser amable y servicial con la maestra y mis amiguitos. Los mejores consejos para todos siempre vienen de ellos, Dios es bueno al darles sabiduría para que guíen a la familia.

Ellos son el mejor ejemplo para los nietos, siempre están trabajando y cuidando de la familia que son su mayor tesoro. Nos muestran que cuando se ama hay tiempo para todo y para todos.

Mis abuelos quieren verme grande, pero yo no quiero crecer pronto, quisiera tenerlos para mí siempre, el pelo lo tienen blanco como la nieve de las montañas no quisiera que esa nieve se vaya de mi vista.

El amor de mis abuelos es grande y fuerte como esas montañas, yo me siento como un pequeño árbol de montaña cuando me abrazan, ellos son mi luz y yo la de ellos, por eso y tantas cosas más
amo mucho a mis abuelos.

*Jóvenes Escritores Latinos - Utah - Brígida López*

"

"*Los dos me enseñaron que la familia es para siempre.*"

*Aria Victoria "Vicky" Ortega Ramírez*

*Versos de paz para los abuelitos*

## Aria Victoria Ortega Ramírez

I'm Aria Victoria Ortega Ramírez. But people call me Vicky for short. I was born August 3, 2009 in West Jordan, UT. So that makes me 12 turning 13. I love playing basketball, which has been my passion since I was 8. I play for the St. Francis Falcons. I have been in St. Francis since I was in pre-k. I would say I'm pretty good at basketball. Another thing is reading. I'm addicted to it. I have piles of books. More things I like include listening to music, painting, drawing and baking. But during summertime I play volleyball. I'm pretty independent, I love taking care of my little brother. I also love hanging out with my cousins. My mom has raised me to focus on school. I want to be an immigration lawyer when I get older. I want to help my people.

# MIS ABUELITOS
### Por: Aria Victoria Ortega Ramírez

Mi abuela es como mi segunda mamá.
Ella siempre me ayuda.
Ella me enseñó tenemos que ayudar a la gente.

Mi abuelo me enseñó que el perdón
es lo mejor en una relación buena.

Los dos me enseñaron que la familia es para siempre.
Los quiero mucho a los dos por sus enseñanzas.
Siempre se quedarán conmigo sin importar donde estan.

> "They always give the best advice too, because they have been around for a long time, they always know what's best for us."
>
> Sebastián Álvarez Rivadeneira

## Sebastián Álvarez Rivadeneira

Sebastián nació el 27 de junio del 2011, en el estado de Utah, en la ciudad de Salt Lake City. Hijo de Padre Colombiano y Madre Ecuatoriana, vive con ambos padres y sus dos hermanos, Danny, su hermano mayor con 15 años de edad y Julián su hermano menor de 8 años. Sebastián asiste a la Escuela Primaria Diamond Ridge, el habla 3 idiomas: español, inglés y francés, le fascina la lectura, la música y el arte, entona la guitarra y canta, también es un niño que le gustan mucho los deportes como el basquetbol y el volleyball. Es un niño muy noble y de corazón sensible, ama a los animalitos y la naturaleza. Cuando crezca, su sueño es ir a la universidad y convertirse en terapeuta físico para ayudar a todas las personas que han sufrido accidentes trágicos.

# EL AMOR A MIS ABUELITOS (as) Y BISABUELITAS (as)

Por: Sebastián Álvarez Rivadeneira

Dear abuelitos y bisabuelitos.

You have always protected me and loved me. This letter is a thanks to everything you've done for me, and for all the abuelitos, abuelitas, bisabuelitos and bisabuelitas out there. I give you some huge thanks on behalf of all the kids in the world.

Thanks for being you and always caring for your family.
Our abuelitos care for us, they love us and always guide us the right direction, without them we'd be lost. Our bisabuelitos share their wisdom with us, because they have lived longer than all of us. They also help us appreciate everything we have these days, because when they were kids a lot of things didn't exist, like TVs, cars, airplanes or cellphones.

They always give the best advice too, because they have been around for a long time, they always know what's best for us. My abuelitos and bisabuelitos mean so much to me. I consider myself very fortunate to have them, because there are kids out there who are not as lucky as me, as they don't have abuelos y bisabuelitos. So in my heart they are so special.

They have thought of me so much, for example, my abuelito Jorge taught me to play basketball and volleyball. In return, sometimes I help him with English, my abuelito Yiye taught me to play chess. Now I'm very good at it. I sometimes say things to him in French because he likes to hear me even though he doesn't understand.

I strongly believe that abuelitas and bisabuelitas are the representation of love, peace, and kindness. The thing I love about my abuelita Mimi, and I believe is so special about her, is that she makes the most delicious soups in the whole wide world. She truly has a gift. For her I'm her prince and for me she is my princess. On the other hand my abuelita Yaya is really funny, but also has the most interesting yet clever tricks to help me when I'm sick.

*Versos de paz para los abuelitos*

> "I love my grandma because she came all the way to the United States of America to give my mom and her siblings a better life."
>
> Santiago Agustín Ortega Ramírez

## Santiago Agustin Ortega Ramirez

I'm Santiago Agustin Ortega Ramirez. But people call me Santi for short. I was born December 1, 2012 in Millcreek, UT. I love to cook omelets, and I want to be a chef. But I also like to find fossils, so I want to become a Paleontologist. I'm in third grade in St. Francis Xavier Catholic school. I'm in my school's basketball team and I also attend guitar classes. While I'm home I play soccer and videogames.

# I LOVE MY GRANDMA
Por: Santiago Agustin Ortega Ramirez

I love my grandma because she came all the way to the
United States of America
to give my mom and her siblings a better life.

She took care of me and my sister
when we were younger and still does.
Her food is excellent and she always tries to
comfort me when I'm sad.

She is brave for coming to the United States of America.
She also speaks Spanish and English and didn't go to
school. She inspires me to focus in school.

*Jóvenes Escritores Latinos - Utah - Brígida López*

"Sueño tomarles sus manos,
y caminar junto con ellos
escuchar sus historias bajo la noche,
jugar, cantar y bailar."

*Brithany Castañeda*

## Brithany Castañeda

Brithday Castañeda nació en julio 2012. Vive con sus padres y hermanos en la ciudad de West Valley City Utah. Estudia en la Academia de American Preparatory.

Se considera una niña muy paciente, tranquila y muy callada. Le gusta servir a los demás. Su color favorito es el azul. En su tiempo libre le gusta jugar con su perro Tobby. Cuando crezca le gustaría ser doctora.

## **ANHELO CONOCERTE**
Por: Brithany Castañeda

Yo soy una niña,
que me siento incompleta,
porque no puedo estar,
con mis abuelos.

Añorando que llegue el día,
de poder conocer a mis abuelos,
recuperar el tiempo perdido.

Sueño tomarles sus manos,
y caminar junto con ellos,
escuchar sus historias,
bajo la noche, jugar, cantar
y bailar.

Abuelos, mis brazos
están abiertos para
el día de nuestro
encuentro.

"Dios nos dio la oportunidad de tener unos abuelitos que nos amen. Así que no deberíamos desperdiciar el tiempo que tenemos con nuestros abuelitos."

Michelle Pérez Domínguez

# Michelle Pérez Domínguez

Michelle nació el 16 de marzo del año 2000 en la ciudad de Salt Lake City, Utah. Vive con sus tres hermanos, su mamá y sus mascotas. Sus deportes favoritos son la natación y el basquetbol.

Está aprendiendo a tocar la guitarra porque le gustan los instrumentos musicales.

Le gusta pelear por los derechos de la mujer. Cuando crezca, quiere ir a la universidad de Utah o Harvard para ser diseñadora de modas y abrir su propia tienda de ropa para hombres y mujeres. Su comida favorita son los tacos.

## NUESTROS ABUELITOS
Por: Michelle Pérez Domínguez

Demos gracias a Dios por bendecirnos
con nuestros maravillosos y amorosos abuelitos.
Los abuelitos son como una luz en el mundo,
llenos de amor y felicidad.

Debemos decirles gracias a nuestros abuelitos por hacer
tantos sacrificios para formar una familia feliz.

Dios nos dió la oportunidad de tener unos abuelitos que
nos amen.
Así que no deberíamos desperdiciar el tiempo que
tenemos con nuestros abuelitos.

Siempre debemos de ser agradecidos con nuestros
abuelitos por amarnos como nos aman.
Los abuelitos son como una estrella que ponen
luz en el mundo y hace que brille el mundo
cuando esté oscuro.

Gracias a todos los abuelitos por amar
incondicionalmente a todos sus nietos.

*Jóvenes Escritores Latinos - Utah - Brígida López*

"I like to talk to her all day and night so she can tell me all her interesting stories."

Mar Luna Paz

## Mar Luna Paz

My name is Mar Luna Paz, I was born on June 26th, 2013 I am eight-years-old. I love my family. I like to play at the park with my brother. My favorite dessert is ice cream. I like to go to Hawaii and I am the youngest of my family. When I grow up I would like to be a veterinarian. My favorite subject at school is reading. I like to make new friends and I like to respect others and help them too.

## LA VISITA DE MAMÁ ROSA
### Por: Mar Luna Paz

My grandma lives in México.
When she comes to visit me, I get very happy
and I like to talk to her a lot.

My dad likes to take her to eat morning and night
and also likes to take her to go shopping, so she can get a
dress for her and my cousin.

I like to talk to her all day and night, so she can tell me all
her interesting stories. My grandma Rosa cooks really
good food for me. I love my grandma.
I am so lucky to have my grandma
and she is the best grandma in the world.

*"Ellos construyeron muchas familias y construyeron muchas naciones con su sabiduría, su trabajo y su amor por nosotros."*

*Eloy Salazar*

# Eloy Salazar

Eloy nació el mes de septiembre de 2008. Vive con su madre y su padre en la ciudad de Salt Lake City, Utah. Estudia en Granite Park Junior High. La materia que más le gusta es el arte porque es una materia en la que puedes poner creatividad en tu trabajo. Se considera como un niño respetuoso y creativo que está dedicado a sus estudios. Sus pasatiempos son jugar videojuegos, dibujar libros, escuchar música, y ver películas. Cuando crezca, él quiere ir a la universidad para estudiar y convertirse en autor y diseñador de videojuegos.

## NUESTROS ABUELITOS
Por: Eloy Salazar

Durante los años los abuelos nos enseñaron las cosas de
la vida. Por ellos aprendemos la sabiduría,
el amor, la compasión y el respeto
a nosotros y a toda nuestra familia.

Los abuelos nos dieron sabiduría durante la vida, incluso
en tiempos de dolor y felicidad.
Ellos nos dieron y enseñaron el amor cuando
crearon y protegieron a nuestra familia.

Ellos nos dieron compasión cuando hicimos algo malo o
simplemente cuando estuvimos tristes.
Ellos nos enseñaron el respeto
que debemos tener y dar a otros.

Los abuelos tuvieron mucha experiencia en su vida,
y es por eso que no debemos faltarles
el respeto o insultarlos.

Esta es la razón por la cual debemos agradecer
a nuestros abuelos y abuelas por habernos cuidado
a nosotros durante la vida.

Ellos construyeron muchas familias y
construyeron muchas naciones con su sabiduría,
su trabajo y su amor por nosotros.

*Jóvenes Escritores Latinos - Utah - Brígida López*

Incluso con las cosas que están pasando en el mundo,
ellos están ahí para protegernos y enseñarnos
sobre las cosas de la vida.

Dichosos son las personas que tuvieron la oportunidad
de compartir tiempo con sus abuelos y abuelas;
ellos tendrán buenos recuerdos para toda su vida.

*Versos de paz para los abuelitos*

*"Mis abuelos espirituales son dulces personas, ellos me dan amor cuando lo necesito"*

*Stephanie Quiroz Galván*

## Stephanie Quiroz Galván

Soy Stephanie Quiroz Galván, nací en Salt Lake County, en diciembre de 17 del año 2008. Vivo con mis padres y mi hermana mayor y mi hermano. Voy a ir al grado ocho en Valley Junior High School en el distrito de Granite. Me gusta mucho colorear en mi tiempo libre, pero también me gusta mucho bailar, caminar y salir a pasear. Mi comida favorita es el pozole y el postre que más me gusta es el pastel de fresa. Las materias que más me gustan en la escuela son matemáticas y arte. Mis cualidades más sobresalientes son: que soy generosa, divertida, y me encanta bromear y hacer chistes. También me gusta ayudar y servir a otros en la iglesia donde va mi mamá por muchos años. Cuando sea grande quiero ser cantante de K-Pop y combinarlo con algo de artista.

## EL AMOR POR MIS ABUELITOS ESPIRITUALES
Por: Stephanie Quiroz Galván

Gracias por la comida que me haces saludable
y me regalas cuando te visito
porque me haces sentir feliz y útil.

Mis abuelos espirituales son dulces personas
ellos me dan amor cuando lo necesito
si las cosas no están bien en casa.

Cada vez que me dan dulces mexicanos o americanos
me hace sentir que me quieren
y me demuestran que les importo.

Ellos son alegres, generosos y juguetones.
Me hacen muy feliz.
Yo los amo como si fueran mis verdaderos abuelitos.

*Versos de paz para los abuelitos*

> "People were created for
> love and care,
> They were not created for
> shove and despair."
>
> Eloy Salazar

# Eloy Salazar

Eloy nació el mes de septiembre de 2008. Vive con su madre y su padre en la ciudad de Salt Lake City, Utah. Estudia en Granite Park Junior High. La materia que más le gusta es el arte porque es una materia en la que puedes poner creatividad en tu trabajo. Se considera como un niño respetuoso y creativo que está dedicado a sus estudios. Sus pasatiempos son jugar videojuegos, dibujar libros, escuchar música, y ver películas. Cuando crezca, él quiere ir a la universidad para estudiar y convertirse en autor y diseñador de videojuegos.

## "Act now, for the future around"
Por: Eloy Salazar

People were created for love and care,
They were not created for shove and despair.
Some people ignore this rule,
because they want war so cruel.

God created us equal,
but some people think we are unequal.
We should all get along for happiness and rum,
before we all turn into nastiness and dumb.
Our Earth is full of beauty,
but sadly some people are treating it poorly.

Some people want money,
on energy that is so muddy.
But fear not my reader,
because there will be new leaders.
That will help us a lot,
for the future to come.

*Jóvenes Escritores Latinos - Utah - Brígida López*

"Jugar con mis amigos
reírme sin parar
no pensar en la guerra
tan solo en jugar."

Naty Arroyo

## Naty Arroyo

Hola, mi nombre es Naty. Nací en enero del 2014. Vivo en el estado de Utah junto a mis padres y mis dos hermanas. Voy a la escuela en el segundo grado. Mi materia favorita es el arte y las matemáticas. Bailo, danza folklórica, bailes tradicionales de México. Me gustan los trajes que usamos porque son coloridos y tienen mucha historia. Me gusta jugar con mis amigos, brincar y andar en patineta. Amo los cabellos y los unicornios. Me imagino que algún día podría volar en ellos. Cuando sea grande quiero ser veterinaria porque me encantan los animales. Mis padres me enseñaron que siempre debo ser una buena persona. Y quiero mucho a mi familia.

## EL MUNDO NECESITA AMOR
Por: Naty Arroyo

El mundo necesita de amor,
los niños necesitamos paz,
queremos tener felicidad.

Quiero soñar con unicornios,
y arcoíris de colores,
poder ir a la escuela,
sin miedo ni temores.

Jugar con mis amigos,
reírme sin parar,
no pensar en la guerra,
tan solo en jugar.

Tu que ya eres mayor, ayúdame a triunfar,
a llegar a ser grande, sin tener que llorar,
por muertes sin motivo,
por guerras sin final.

Necesitamos juguetes, no armas, ni bombas,
quiero tener comida y agua,
quiero jugar con mi perro.

Pero yo solo soy una niña que sueña,
que el mundo puede cambiar.

*Versos de paz para los abuelitos*

"La paz debe estar con nosotros mismos para que las personas puedan confiar en los jóvenes, para que no tengamos que pelear entre nosotros"

Keria Guadalupe Victoria Silverio

# Kenia Guadalupe Victoria Silverio

Hola, soy Kenia, nací en abril del año 2013, vivo con mi mamá y mis hermanos en Salt Lake Utah. Estudio en Stansbury escuela primaria, estoy en el cuarto grado, me gusta ir a la escuela, mi materia favorita es arte. A la hora del recreo mi deporte favorito es el básquetbol. Soy una niña muy feliz y juguetona, soy amigable. Mi pasatiempo favorito es dibujar y pintar. Mi postre favorito es flan napolitano, mi comida favorita es el espagueti. Cuando yo sea grande voy a ser una pintora de cuadros.

## AYUDANDO A CAMBIAR EL MUNDO CON AMOR
Por: Kenia Guadalupe Victoria Silverio

La paz debe estar con nosotros mismos,
para que las personas puedan confiar en los jóvenes,
para que no tengamos que pelear entre nosotros y de esa
manera no nos odiemos y el mundo
será un lugar más bonito y más bello.

Para que los jóvenes no tomen malas decisiones y puedan
tener paz en sus corazones. Para que no hagan cosas
malas en la vida y que las personas no los
odien por lastimar a los demás.

Así poder tener paz en el mundo,
para tener un mundo mejor y
que todos tengan un futuro lleno de mejores cosas
como tener amigos buenos, que te ayuden a
tener trabajos y que ayuden a las personas más
necesitadas, como las personas que tiene cáncer,

problemas con los huesos o alguna otra enfermedad
mortal y así estas personas
se sientan felices y saludables,
esto para mi seria paz en el mundo.

*Jóvenes Escritores Latinos - Utah - Brígida López*

"La razón por la que yo creo que debe haber más paz en el mundo es porque siempre andamos peleando entre familias, amigos, países, estados y continentes y portándonos mal."

Kevin Hernán Victoria Silverio

# Kevin Hernán Victoria Silverio

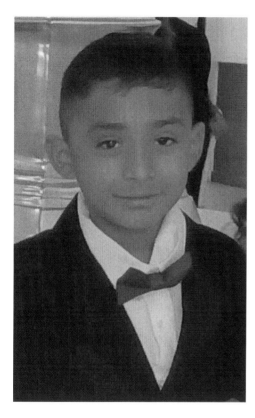

Hola, soy Kevin, nací en octubre del año 2011, vivo con mi mamá y mis hermanos en Salt Lake City Utah. Estudio en la Stansbury escuela primaria y estoy en el quinto grado. Me gusta ir a la escuela, mi materia favorita es arte y a la hora del recreo mi deporte favorito es jugar fútbol con mis amigos. Soy un niño muy alegre, inquieto, amigable, en la escuela me gusta ayudar mucho a mis compañeros. Mi pasatiempo favorito es jugar roblox, mi postre favorito es el flan napolitano. Cuando yo sea grande voy a ser un futbolista.

## POR UN MUNDO MÁS FELIZ
### Por: Kevin Hernán Victoria Silverio

En el mundo hay mucha paz, pero
¿No crees que debería haber más paz en el mundo?
Hay que respetarnos; más en la amistad,
debe haber más paz en el amor y en la esperanza,
también en todo debe haber más paz.

La razón por la que yo creo que debe haber más paz en el
mundo es porque siempre andamos
peleando entre familias, amigos, países, estados y
continentes y portándonos mal.

Yo pienso que en el mundo debería haber más paz, por
todo lo que está pasando ahorita,
como la violencia entre los jóvenes de ahora.

Me gustaría que haya más paz
para que niños y jóvenes ya no mueran.
La paz ayudaría para que la violencia y el acoso se evite
y nadie salga lastimado.

Para que los adultos y jóvenes sean más felices
con sus seres queridos y
así los jóvenes tomen mejores decisiones en la vida
para tener un futuro mejor.

*Versos de paz para los abuelitos*

"To bring peace into the world for our kids is to teach them to be kind to each other."

Guadalupe Zavala

# Guadalupe Zavala

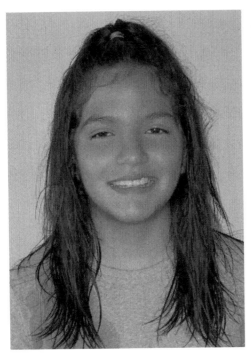

I am Guadalupe Zavala, I born in Utah State on June 4th 2011. I live with my dad and have five siblings. Salvador (21), Andes (14), Me (11), Paula (9), Angel (4) and Rosenta (3). I go Douglas T Orchard Elementary School I am going to start 6th grade and I am excited about it. My favorite subjects at school are Mathematics, PE and Art. I like to play basketball and sing also theater. When I grow up I want to be a teacher so I can teach the children new stuff. My best qualities are: kind, passionate, confident and lastly smart. My mom passed away when I was ten-year-old and I love her so much.

## How to Bring Peace to Kids
Por: Guadalupe Zavala

To bring peace into the world for our kids is to teach them to be kind to each other.
One of the best ideas are try not to get into fights because if you do get into fights it brings more hate into the world because sooner or later you will start to stress about it and let the temperament win you.
So remind yourself how I can show peace to the kids?

Another idea is to help other special kids to learn how to take breaths and learn how to calm down so they can help themselves to relax and not explode to have peace in their minds. Help children with their homework to show them kindness by helping them too.

Another way to bring peace in the kid's lives is to be pollution free. If there is no smoke in the air then kids and adults will be happy and not upset because kids have pretty small lungs. So, if there is a lot of smoke in the air, they cannot breathe well and they could die.

So please take care of our world so everyone in it can have peace. Also, you can bring peace to kids by taking care of your health to make sure you wash your hands often to not spread germs and nobody can get ill.
So that is another way to bring peace into the world.

*Jóvenes Escritores Latinos - Utah - Brígida López*

> "Let's speak up
> tell a friend,
> all these wars
> need to end."

*Sebastian Álvarez Rivadeneira*

## Sebastián Álvarez Rivadeneira

Sebastián nació el 27 de junio del 2011, en el estado de Utah, en la ciudad de Salt Lake City. Hijo de Padre Colombiano y Madre Ecuatoriana, vive con ambos padres y sus dos hermanos, Danny, su hermano mayor con 15 años de edad, y Julián, su hermano menor de 8 años. Sebastián asiste a la Escuela Primaria Diamond Ridge, el habla 3 idiomas: español, inglés y francés, le fascina la lectura, la música y el arte, entona la guitarra y canta, también es un niño que le gustan mucho los deportes como el basquetbol y el volleyball. Es un niño muy noble y de corazón sensible, ama a los animalitos y la naturaleza. Cuando crezca, su sueño es ir a la universidad y convertirse en terapeuta físico para ayudar a todas las personas que han sufrido accidentes trágicos.

# Jóvenes por la paz
## Por: Sebastian Álvarez Rivadeneira

Peace will make,
the world free,
open our eyes
and help us see.

War and conflicts
make people sad,
hurting others
is really bad,
no matter the reason.

Many kids live
through an awful war,
their family end up
very poor.

During war,
they often lose,
sometimes even,
their own crew.

Let's speak up
tell a friend,
all these wars
need to end.

*Versos de paz para los abuelitos*

Peace begins
when we care,
let's make this world
truly fair.

For the sake,
of the next
to come.

*Jóvenes Escritores Latinos - Utah - Brígida López*

"La paz, es algo importante para poder vivir en armonía y felicidad, todo esto es un sueño que anhelo para vivir sin miedo."

Mariana Suarez

# Mariana Suárez

Mariana Suárez, nació en la ciudad de Salt Lake City el 14 de octubre de 2011, vive con su familia. Le gusta pintar y en ocasiones escribir. Es muy sociable y optimista en la escuela con sus compañeros y maestros. La materia que más le agrada es artes y ciencia. Cuando ella sea grande le gustaría ser pintora y exponer todas sus obras en museos y exposiciones.

## Por la Paz del Mundo
Por: Mariana Suárez

La paz es el poder vivir en armonía y felicidad,
todo esto es un sueño
qué anhelo para vivir sin miedo.

Hoy vivimos con temor por todas las guerras que vemos y nos informan por la televisión. Ucrania y Rusia son ahora territorios sin paz... Si esto terminará, todas las familias serían felices. Todos los niños verían que sus papás están en casa abrazando a su familia.

Nosotros los niños no sabemos de los grandes problemas, solo queremos divertirnos y convivir con muchísimas
personas de todo el mundo.

Porque las personas adultas no escuchan su corazón y solo piensan destruir a los más débiles. Queremos un mundo de paz como las aves y los animales del campo libres y felices. Hoy solo quiero recordar que si mostramos amor, amabilidad, justicia, humildad y respeto podemos decir que logramos vivir juntos en paz.

"Queremos un mundo de amor
donde exista la amistad,
no un lugar de dolor,
para tener tranquilidad."

Marisol Silva Arévalo

# Marisol Silva Arévalo

Marisol nació en julio del 2012, tengo 9 años, vivo con mis papás y tengo tres hermanas. Estudio en la escuela D.T. Orchard Elementary de West Valley City, Utah, en cuarto grado. Mis materias favoritas son arte y danza. Las cosas que más me gustan son hacer ejercicio, cantar y también me gusta mucho leer y escribir, es por eso que me animé a escribir este poema. Todavía no sé exactamente lo que quiero hacer cuando esté grande, pero me gustaría hacer algo con lo que pueda ayudar a muchas personas.

## LOS JÓVENES POR LA PAZ
Por: Marisol Silva Arévalo

Los jóvenes por la paz
es nuestro único lema.
No permitamos que la violencia
se convierte en un sistema.

A los jóvenes y a los niños,
no solo nos gusta la tecnología.
Queremos que la paz en el mundo
sea la mejor ideología.

Debemos abrir las puertas
para una vida mejor,
y dejar nuestras manos abiertas
para un mundo sin dolor.

La guerra es algo muy triste,
y sobre todo, injusta.
Muere gente inocente,
y a los niños no nos gusta.

Los jóvenes y los niños,
Rechazamos la violencia,
pues lo que Dios nos dejó,
fué el amor, como herencia.

*Jóvenes Escritores Latinos - Utah - Brígida López*

Están atrás de un escritorio
los que organizan la guerra,
y los que mueren son jóvenes,
que la muerte les aterra.

Los presidentes hacen la guerra
para dominar el mundo,
sin tomar en cuenta a los niños.
¡Nos duele en lo más profundo!

Para un joven, la paz,
es la mayor felicidad.
No nos hagan pelear;
preferimos la dignidad.

Los jóvenes nos podemos unir,
pero nunca separar.
Si nos unimos, vamos a descubrir
que la violencia se puede evitar.

No queremos matar,
pero queremos ser mejores.
Pero, si vamos a pelear,
por defender nuestros valores.

Este mundo necesita paz,
también necesita justicia.
Ya no queremos guerras
y ninguna otra mala noticia.

**Versos de paz para los abuelitos**

Necesitamos la paz,
especialmente para el niño;
que sufre por ser maltratado
y que solo quiere cariño.

Queremos un mundo de amor
donde exista la amistad,
no un lugar de dolor,
para tener tranquilidad.

¿Qué debemos buscar la paz?
de eso, seguro estoy;
pues la enseñanza de Cristo dice:
"Mi paz les dejo, mi paz les doy".

*Jóvenes Escritores Latinos - Utah - Brígida López*

*"The world needs more peace because peace is the key to love, and without love, the world would be a very sad place."*

*Jheslee Ortega Mora*

## Jheslee Ortega Mora

Jheslee Ortega nació en diciembre 30 del año 2010, vive con sus padres en la ciudad de Salt Lake City, UT.

Estudia el 5 grado en Wallace Stegner Academy. La materia que más le gusta es matemáticas. Es una niña muy alegre, honesta e inteligente, le gusta hacer arte y colorear, actualmente está aprendiendo a tocar el violín, también le gusta escuchar música. Cuando crezca ella quiere ser una científica.

# The peace in the World
Por: Jheslee Ortega Mora

Hello my name Jheslee Ortega and today
I am here to tell
everyone why the world needs more peace.

The world needs more peace
because peace is the key to love,
and without love the world would be a very sad place.

To add more peace to the world
everybody would have to be kind and more loving.
This is why peace is very important in the world.

# Sebastién SASA
## Administrator of
## Saints Peter and Paul Catholic Church
## West Valley City, UT

**Sebastién SASA**, born in 1965 in Soa (Kikwit), in the province of Bandundu (Democratic Republic of Congo), is a priest (1997) of the Secular Institute Saint Jean-Baptiste, founded by Monsignor Tharcisse Tshibangu Tshishiku. Now, he is the pastor of Saints Peter and Paul Catholic Church, in West Valley City, Utah. Master's degree in philosophy and African Religions from the Catholic University of Kinshasa, he obtained a bachelor's degree in theology from the Theological Institute Saint Eugène de Mazenod in Kinshasa-Kintambo. At the Pontifical Urbaniana University in Rome, he obtained a master's degree in missiology and a doctorate in the same discipline (specialty: missionary pastoral and catechesis), with a thesis on the thought of Cardinal Joseph Albert Malula. He worked for almost eighteen years in the pastoral in Europe and especially in Italy.

He collaborated for ten years with Vatican Radio and is a member of the French-speaking Ecumenical Association of Missiology, of the International Association of Catholic Missiologists and of the Association of Friends of Gaston Bachelard.

He created the Sasa Foundation (http://www.fondationsasa.org/) and the Sasa and Sons Group (http://www.groupesasaetfils.org/) and he is Co-founder, in Italy, of the group Les Amis de Sasa (http://www.aamisa.org/).

# Brígida López Salcido
### Escritora y Coordinadora de la Antología #JEL
### "Versos de Paz para los Abuelitos"

Brígida López Salcido, escritora y poetisa de nacionalidad mexicana, nació en la ciudad del sol, Mexicali, Baja California Norte. Nació en el mes de diciembre del año 1966. Viene de una familia numerosa, humilde y muy trabajadora. Es la cuarta de ocho hijos y cuota de un varón. Los padres tienen 65 años de casados y aún viven actualmente gracias a Dios. Por 23 años estaba felizmente casada y tuvimos 2 hijos y una hija que hoy ya son adultos de 34, 32 y 30 años de edad.

Es abuela de un niño de 5 años de edad y dos niñas de 3 y 2 años de edad y dos nietecitos más que vienen en camino. Su profesión por vocación, pasión y decisión es maestra de niños pequeños de 0-5 años de edad que ha enseñado durante sus últimos 30 años de vida.

Ha sido escritora toda su vida, pero se convirtió en autora con su primer libro "El Proceso" dos décadas de mi existencia; libro de superación personal. Le siguió su segundo libro "Manantial de Amor" El amor se manifiesta de limitadas maneras y su tercer libro "Destinos" ¿Existe el destino?, ambos libros de poesía.

Recientemente, publicó sus cuatrillizos libros de trabajo de superación personal "Bilingual Daily Journal", Bilingual Weekly Journal", "Bilingual Monthly Journal and "Bilingual Yearly Journal". Ha participado en cuatro antologías: Escritores de América, Writers of América, Visionarios California y Antología cuando el Corazón habla, CUPHI. Y esta antología infantil y juvenil "Versos de Paz para los Abuelitos" bajo la supervisión de la Editorial #JEL (jóvenes escritores latinos), fundada por Miriam Burbano.

## Mi historia como escritora

Lo que me inspiró a escribir por una década fue la necesidad de vaciar mi alma en letras. Después le sigue otra década de tener el hábito de escribir diariamente para escuchar mi ser. Le sigue otra década escribiendo y explotando mi talento que acepté y decidí compartirlo con la humanidad para dejar un legado después de partir de este mundo y trascender a través de la inmortalidad de la palabra escrita.

Por supuesto, el motor de mi inspiración es Dios para inspirar, motivar, empoderar, ayudar a otros a crecer y trabajar en sus vidas personales para ser mejores seres humanos y realizar sus sueños.

Inicie mis estudios en el Bachillerato Plantel de Mexicali. Me he dedicado a la educación para niños pequeños toda mi vida. Curso la mayoría de mis estudios en el Colegio de Santa Ana en el estado de CA. Fui la directora de la guardería infantil del hogar "ABC RAINBOW LEARNING CENTER" por cinco años en California. Actualmente, trabajo como maestra de Head Start en el estado de Utah.

## Servicios comunitarios

Desde mi adolescencia me involucré en diferentes comunidades y organizaciones como "Hispanos en Defensa de la Vida" y el "Centro de Prevención Infantil" del Condado de Orange. Fui catequista de niños por 25 años. Por diez años me involucré en el Centro Comunitario Delhi como entrenadora de proveedoras de cuidado infantil hogareño. Desarrolle el programa "Estatus de Excelencia" dentro de la organización no lucrativa ALCI en CA para apoyar las proveedoras de cuidado infantil hogareño a elevar sus guarderías a un nivel de calidad, estableciendo las nueve áreas de trabajo de los niños.

Mi vida ha sido dedicada al servicio de los demás tanto en la iglesia, comunidad y profesión como maestra. Soy una persona servicial y me encanta ayudar a la gente en lo que puedo y se. Coordino el Círculo Literario Internacional Arymex, UT, para reunir escritores, declamadores y poetas de habla hispana en el estado de UT. Tenemos reuniones mensuales para promover la literatura y poesía. Las reuniones son en la librería de Kearns, UT. Bajo la supervisión de la bibliotecaria Raquel Ruiz.

Soy una persona que ama la vida, los niños, la lectura, escritura, la naturaleza, nuestra lengua hispana y todo lo que hay en nuestras comunidades latinas desde cultura hasta tradiciones.

**Reconocimientos**
En el año 1985 recibí el diploma "La mejor compañera" en el Colegio de Bachilleres de Baja California de la generación 1985.

Obtuve múltiples reconocimientos dentro del área de educación para niños pequeños. En 2000 le otorgaron "La voluntaria del año" en el programa Prevención de Cuidado Infantil Hogareño del Condado de Orange. En 2002 participé en la conferencia del Centro Comunitario Delhi con el taller en español "La importancia de establecer las áreas de trabajo en tu Guardería Infantil del Hogar".

En 2003 participé en la conferencia local de OCAEYC con el taller en español "Música y Movimientos" en la Universidad Estatal de Fullerton California. En 2004 participé en la conferencia anual de CHS of California con el taller en español "Arte bello hecho por las manos de los niños".

En 2006 participé en la conferencia local de ALCI con el taller en español "Encuentra los materiales de arte alrededor de tu casa" en el Colegio Santa Ana. En el 2007 participé en la conferencia de Chicano Federación en San Diego con el taller en español "Arte con material reciclado". En 2008 participé en la conferencia local de ALCI con el taller en español "Arte con los niños". En 2012 participé de nuevo en la conferencia de ALCI con el taller "Las siete áreas de trabajo en el área preescolar".

En 2018 fui honrada por "El Instituto de la Mujer" fundada por Irene Martínez con el título "Mujer award" Premio a la resiliencia de la mujer latina inmigrante. Y también por inspirar, motivar y ayudar a las proveedoras de cuidado infantil del estado de CA. He publicado varios libros, dos libros de poesía "Manantial de Amor y Destinos" y seis de superación personal desde el año 2014 con su primer libro "El Proceso" y los cuatro libros de trabajo de superación personal diario, semanal, mensual y anual en el 2022.

He tenido múltiples entrevistas locales como escritora, maestra y proveedora en los estados de CA y Utah. Especialmente la entrevista en 2014 en la librería pública de Santa Ana en California, bajo la dirección de Jessica Bell en el programa memorias de migrantes.

Correo electrónico brigidalopezsalcido@gmail.com
FB: Brígida López Salcido

# Isiah Pulido
## Editor General de la Antología #JEL
## "Versos de Paz para los Abuelitos"

Fue una bendición servir a los jóvenes en este gran proyecto. Para aquellos que leen este libro, espero que reciban esta verdad que se encuentra en este pasaje:

*"Que el Dios de la esperanza los llene de toda alegría y paz a ustedes que creen en él, para que rebosen de esperanza por el poder del*
*Espíritu Santo."*
Romanos 15:13

*"May the God of hope fill you with all joy and peace as you trust in him, so that you may overflow with hope by the power of the Holy Spirit."*
Romans 15:13

**Jóvenes Escritores Latinos - Utah - Brígida López**

# Miriam Burbano

## Escritora, Presidenta y Fundadora de la Editorial #JEL - Jóvenes Escritores Latinos

Miriam Burbano nació en Ecuador, se ha dado a conocer por sus iniciativas sociales enfocadas a la paz, al desarrollo de grupos vulnerables en su propio país y en migrantes residentes en los Estados Unidos. Su personalidad y sus logros representan amor por los

*Versos de paz para los abuelitos*

demás. Se ha involucrado en diversas actividades, entre las que destaca internacionalmente, la Iniciativa de Jóvenes Escritores Latinos, #JEL, incluye edición y publicación, para dar voz a grupos sociales que, antes de ella, no tenían voz para expresar sus acuerdos o desacuerdos con los tiempos y las políticas gubernamentales. La editorial #JEL tiene núcleos en los Estados Unidos, El Salvador, Colombia, Guatemala, Ecuador, Honduras y México.

Miriam Burbano acompaña a todo soñador en la conquista de sus propios sueños, su historia de vida nos hace sospechar que se convierte en héroe real y no en personaje de ciencia ficción. Educar a las mujeres y a los jóvenes es uno de sus propósitos constantes para romper el ciclo de la desigualdad social.

Miriam Burbano es educadora de profesión, tiene certificación ESOL (English for Speakers of Other Languages), por el Instituto de Lenguas de Oxford. Asistió a la Universidad Estatal de California, en Los Ángeles, donde estudió Administración de Negocios.

En el 2001, Miriam se convirtió en Co-fundadora de la Academia de Liderazgo, en un área marginada de Los Ángeles. Trabajó en el Instituto de Política Juvenil, supervisando programas para más de 2,000 estudiantes, beneficiarios de servicios gratuitos en tutoría académica.

Ha trabajado en la Junta Directiva de varias organizaciones, sin fines de lucro, y es fundadora de MBC - Education, organización dedicada al sublime arte literario para empoderar a la gente, a través de la fórmula lectura - escritura, de la educación y publicación de libros. Ella también es Cofundadora de www.revolutionenglish.org, y utiliza la tecnología para enseñar habilidades lingüísticas a estudiantes de todo el mundo. Actualmente, es Directora del Departamento de Idiomas de la Universidad Politécnica Nacional. Su arduo trabajo le ha valido recibir distintos reconocimientos, nacionales e internacionales. En el 2014 recibió el Premio "LOFT", de Maestros Innovadores, por parte de la Fundación de la Herencia Hispana.

También ha sido galardonada con el premio "Líder 2014", por parte de la organización sin fines de lucro, LA Future Leadership, Inc., dedicada al trabajo con jóvenes en áreas de liderazgo, comunicación y artes. En el 2015 recibió el Premio "Activista del Año", por la Unión de Guatemaltecos Emigrantes en América (UGE Américas). En el 2016 obtuvo el título de Embajadora de la Paz, otorgado por Le Cercle Universel de la Paix, Francia y el premio Mujer Activista 2016, otorgado por la Asambleísta de California, Patty López.

En el 2017 Miriam recibió dos premios: Tributo Ecuatoriano USA, en la ciudad de Nueva York y el Premio al Liderazgo, en la ciudad de Los Ángeles, de parte del Club Luz de América, en este reconocimiento compartió escenario con la ganadora del Emmy, Norma Roque.

Miriam Burbano es ecuatoriana; por azares del destino ha vivido en distintos países, se siente ciudadana del mundo. Parte de su historia, nutre y se nutre del activismo, distintos líderes la denominan Pilar Latinoamericano. Su trabajo como activista no conoce banderas, ni distingue idiomas, razas, religiones, clases sociales o preferencias personales. A Miriam Burbano la vemos trabajando, sin distinción, con organizaciones de diferentes países.

Como escritora, ha dejado huella con "La Pequeña Casa Azul", un libro infantil. Es autora de un poemario comunitario, "Cantando Medio Siglo" y se convirtió en escritora bestseller con el libro "El Mejor Regalo", libro que trata de la separación familiar.

Ha curado y coordinado numerosos proyectos literarios, destacan las antologías "Memorias Migrantes", "Héroes de CBO", "Cambiando el Mundo", "Como Salvar Nuestro Planeta ¡HOY!", "Rosas al Ritmo de la Esperanza" de la afamada organización del Desfile de las Rosas en Pasadena, "Cartas Al Presidente", "Girl Power", "Paremos la Violencia", entre otras.

Ha publicado diversos poemas y ha recibido el título de "Vicepresidente y Faro de Paz", otorgado por el Instituto

Internacional Manuel Leyva y la Sociedad Iberoamericana de Poetas, Escritores y Artistas (SIPEA). Actualmente Miriam es Presidenta de la Asociación de Escritores Latinoamericanos (ADELA), con sede en Los Ángeles, California. Miriam Burbano es parte de la Junta Directiva de Latinas Public Service Academy-LAtinas, un programa dedicado a formar mujeres jóvenes, de origen latino, como futuras políticas. Fue presidenta de National Women Political Caucus, destaca su logro por la igualdad de género, en el área de servicio público; tema pendiente, en la agenda pública.

En su tiempo libre, Miriam enseña clases para el General Educational Development Test (GED) dirigido a la comunidad de adultos, a personas que no terminaron la preparatoria. Su tutoría les permite lograr el certificado de Educación General que les permite continuar sus carreras académicas en la universidad, o el campo laboral, de su preferencia.

Miriam Burbano tiene un sueño, quiere fundar una Cooperativa de Vivienda de Transición, para apoyar a las mujeres que, debido a la maternidad, no pueden continuar su educación universitaria. Miriam Burbano está casada y tiene dos hijos. Uno tiene título universitario en matemáticas y su hija es estudiante, cursa su doctorado en biología neurológica en la universidad de Columbia, en Nueva York.

En su vida personal, la pasión de Miriam Burbano es trabajar en temas de justicia social. Su labor estuvo orientada a que los indocumentados lograran obtener una licencia de conducir, la reforma migratoria y los esfuerzos por la dignidad y el respeto a los agricultores. Son temas que la han llevado hasta el Vaticano a entregar cartas de indocumentados al Papa Francisco.

Miriam Burbano también ha recibido el título LÍDER SIN FRONTERAS de la organización UGE AMÉRICAS de Guatemala y es recipiente del Premio Juliano y Orgullo Santaneco de El Salvador, el cual se entrega a personas que brindan el aporte social para alcanzar un mundo mejor.

No existen dudas de su trabajo, de su merecimiento, ni de la noble labor que aún sigue realizando, por aquellos con la voluntad para salir adelante. Su aporte es incansable y digno de imitar, de reconocer y de compartir, para decir que Miriam Burbano es una completa heroína, producto real del amor, de su compromiso y amplio deseo de ayudar a través de la literatura.

Escrito por Manuel Olmos, Salvadoreño residente en Los Ángeles.

## ÍNDICE
### Versos de paz para los abuelitos

| | |
|---|---|
| Prefacio.................................................................... | 2 |
| Dedicatoria............................................................... | 12 |
| Agradecimiento......................................................... | 14 |
| Jheslee Ortega Mora................................................. | 19 |
| Marisol Silva Arévalo................................................ | 22 |
| Yaritza Arroyo.......................................................... | 27 |
| Betzaida Morales...................................................... | 31 |
| Karina Toledo.......................................................... | 34 |
| Mariana Suárez........................................................ | 37 |
| Paula Zavala............................................................ | 41 |
| Xavi Alonso Pimentel............................................... | 44 |
| Misael Emir Cruz..................................................... | 47 |
| Santiago Itzae Cruz.................................................. | 52 |
| Aria Victoria Ortega Ramírez.................................... | 56 |
| Sebastián Álvarez Rivadeneira................................... | 59 |

**Versos de paz para los abuelitos**

| | |
|---|---:|
| *Santiago Agustín Ortega Ramírez*............................... | *63* |
| *Brithany Castañeda*........................................................ | *66* |
| *Michelle Pérez Domínguez*............................................ | *69* |
| *Mar Luna Paz*................................................................. | *72* |
| *Eloy Salazar*.................................................................... | *75* |
| *Stephanie Quiroz Galván*.............................................. | *79* |
| **Escritos por la paz** ...................................................... | *81* |
| *Eloy Salazar*.................................................................... | *83* |
| *Naty Arroyo*................................................................... | *86* |
| *Kenia Guadalupe Victoria Silverio*................................ | *89* |
| *Kevin Hernán Victoria Silverio*..................................... | *92* |
| *Guadalupe Zavala*........................................................ | *95* |
| *Sebastián Álvarez Rivadeneira*..................................... | *98* |
| *Mariana Suárez*............................................................. | *102* |
| *Marisol Silva Arévalo*..................................................... | *105* |
| *Jheslee Ortega Mora*..................................................... | *110* |

*Sebastién SASA Administrator of Saints Peter and Paul Catholic Church West Valley City, UT*................... 112

*Brígida López Salcido Escritora y Coordinadora de la Antología #JEL "Versos de Paz para los Abuelitos"* ... 114

*Isiah Pulido Editor General de la Antología #JEL "Versos de Paz para los Abuelitos"* ............................... 120

*Miriam Burbano Escritora, Presidenta y Fundadora de la Editorial #JEL - Jóvenes Escritores Latinos*........................................................................... 121

*Jóvenes Escritores Latinos - Utah - Brígida López*

Made in the USA
Columbia, SC
30 July 2022

64236292R00072